CPSIA information can be obtained
at www.ICGtesting.com
Printed in the USA
LVHW110801240422
717056LV00002B/340
9 781648 115530